Primera edición, octubre de 2025

© Adriana Bañares
© del epílogo, María Ángeles Pérez López
© de esta edición, Editorial Páramo
www.editorialparamo.com
editorialparamo@gmail.com / 646346731

Ilustración de portada: *Mosca*, de Valle Camacho

ISBN: 979-13-990156-8-3
Núm. DL: VA 448-2025
Impreso en España – Printed in Spain
Impreso en Estugraf

RIESGO ELÉCTRICO

Adriana Bañares

editorial
PÁRAMO
*
lírica

RIESGO
ELÉCTRICO

Adriana Bañares

RIESGO
ELÉCTRICO

Aprendimos a ver en profundidad
      con una caja de cerillas.
El infinito se podía proyectar
      así
      con una línea de fuga fácil
y un carboncillo barato
que dejaba un lienzo sucio.
La profundidad debía de ser aquello:
una caja de cerillas en la otra mano.
Un poquito de fuego
      contenido.

El recogido dejaba ver la llama
y el arañazo.
De otra manera
una imagen de belleza conocida
no enseñaba la raíz.

Había
un puñado de flores
en la plaza de una infancia que no tuve.
Las flores de una primavera extraña en una plaza en
silencio.]
El cruce
de unas calles demasiado estrechas.
Canales de una memoria que huele a sangre.
Muescas de bala en la pared y arena en el suelo,
cercando aquello que no nos quisieron contar.

Nos quedamos a vivir en el ruido.
Me dejé lo que tenía que decir en el cuaderno.
Y me dejé, me dejé.

El amor siempre aparecía de repente.
Era por fin tan fácil silenciar y seguir.
Y el cristo en la vitrina queriendo decir algo.
Había empezado a acostumbrarme a ver insectos
donde no los esperaba.
Las alas de una mariposa en un globo de cumpleaños,
o la polilla
que se mantiene incorrupta en un escaparate.
Y el libro que sostenía el cristo, qué decía.
Qué leía el cristo con sus ojos de mármol
y la página infinita.
La postura imposible.
El equilibro de un dios dependía
de aquello que estaba escrito.

Y tú,
hablas tan bien y escribes tan torpe.
Como yo camino por aquí y trato de acercarme
pero tiemblo
en una torpeza infinita.
Y trato de interpretar tu temblor
en algo que adivino falso.

Sé
con tanta claridad
lo equivocada que estoy,
pero caigo.
Claro que caigo
            y me dejo caer
en el error de pensar en una posibilidad pequeña.

Caigo en la cuenta también de que quizá tú
descubriste el secreto
y por eso tiemblas.

Conoces el secreto del monstruo.
Me encantaría poder hablarte con la seguridad con que
(te) escribo.]

Escribí sobre un sueño sin saber de la existencia
de las jacarandas.
Contenía tanta belleza el suelo morado. Contenía
tanta belleza el árbol desnudo.
Bastaría con apartar las flores para encontrar
el cadáver de un pájaro que no soportó el calor.

No sabía que era común el suelo manchado de morado,
la luz amarilla,
ni que un caer así tuviera que ver con la primavera.

Había
      tachones en nuestros diarios.
Arena bajo las uñas
      muescas de un amor de paso.

Y en tus manos la forma de algo que cayó
y no conseguiste retener.
Como sí se mantiene tu forma
      en un espacio que has hecho tuyo.

La trampa sería para lo contrario. La intención
de inyectarme la sospecha de estar
      otra vez
            fuera de sitio.
Como si no hubiera aprendido ya que mi destino
            fuera estar
      desubicada.

Cómo hacerte comprender entonces
      que mi lugar en el mundo era
este abrazo del que no me quisiera soltar.

Quedarme aquí mientras hablamos de un lugar donde
            fuimos una vez desconocidas.
Donde no sentí el tacto como un golpe, donde no sentí
            tu mirada como una señal
de riesgo eléctrico.

Me miraste a los ojos y te lavaste las manos
en un gesto que percibí tan lleno de intención
por tan antiguo:
una cierta necesidad de poner distancia.
Porque el frío sucedía
insoportable.
Un latido intenso y un pedacito
de corazón de origami tan fácil de romper.
Persigo un escenario vacío. Nunca fui buena
para orientarme.
El sol aparecía tras una señal de riesgo eléctrico.
Nos daba igual, nos daba igual:
la atracción siempre venía de una ausencia.

Cuando
hiciera tanta belleza, tanto sol,
tanta belleza cayendo, tanto amor
cayendo, tanto sol
cayendo tanto.

Había una intención de huir del amor
y de la posibilidad de formar parte de un mundo
que no tolera a los fantasmas.

Es curiosa la marca infinita
que nace de un instante ridículo.
                    De una torpeza tan tonta.
No había intención de hacer daño.
Si yo soy un monstruo y temo también,
temo tanto,
ser descubierta.
La manera de pasar inadvertida ahora
es seguir agachando la mirada (a qué).
Cómo es posible descifrar el lenguaje
de un monstruo invisible.

El gesto tenía intención,
pero no había manera de salir indemne de una situación
tan tonta por imposible.

Habría que tratar con la serpiente.
Acariciar al animal salvaje.
Intentar parar el tiempo.

Surgió el rechazo a la nueva apariencia.
El rechazo al nuevo gesto:
            la manera de volar
y el modo de arrastrarme.

Era curioso tratar de buscar la mejor versión
para gustar.
Tratar de crear la máscara perfecta, el tono y la sonrisa
sin caer en la mueca
ni en el temblor.

Subía la fiebre al final del verano.
El deseo estaba
        bajo las hojas.
Lo buscábamos levantándolas a patadas. Tan torpes
y tan violentas.

También me fui de un lugar una vez.

Pensé
        que el monstruo se quedaría,
pero no:
        el monstruo siempre me acompaña.
Una presencia demasiado molesta para ser invisible,
pero también:
        fácil de ignorar.
Pensé que el monstruo es siempre quien se queda,
pero me fui
de un lugar una vez.
El monstruo es quien se queda o quien se va.
Quién se queda y quién se va.

El mundo es inabarcable y tan pequeño.
Y el tiempo
        era una piedra inamovible.
Y, bajo ella,
        las hormigas.
Bajo ella,
        el laberinto.

Un laberinto de arena, quizá
un hormiguero en un reloj de arena.

Conocía la ciudad —el laberinto—
por impulso. Pero desconocía
la orientación correcta.
No sabía de mapas ni de brújulas. Me guiaría
por la luz de un sol que apenas podría soportar.
Una mirada que no podría mantener.

He soñado con este lugar en el que nunca estuve
porque tú nos lo trajiste.

Había un pedacito de posibilidad minúscula en una
mirada o un inminente agachar la cabeza en busca de
algo que nunca existió,
      que nunca podría haber sido.
Había muchísimas posibilidades de que saliera
      un mal poema.
            #
Soñé
      con un cristo que sostenía un libro en la cruz.
      El eterno lector.
      La página infinita.
            La historia
inalcanzable.
      Qué leías tú,
      en qué idioma.
Nos quedamos en una espera infinita.
La acción que nunca llegaba.
           Parecía
que todo comenzara en la segunda página,
      pero hacía falta una fuerza gravitatoria extrema
            para
            caer así
            la una en la otra.
Caer así.
      Como caía la mirada
            tan fácil
cuando tratábamos de no darnos cuenta.

Esa página que jamás podría ser.

El cristo en la vitrina no sostenía un libro.
El cristo leía las alas de los insectos.
Las páginas inmensas de una polilla en una
                    metamorfosis imposible.
La belleza
        había consistido en un error.
Confundimos
        la vida en un cadáver perfecto
y la mariposa
        en una polilla atrapada en una caja de luz.

Si yo soy un monstruo y temo también,
temo tanto,
        ser descubierta.
Y sé,
            de alguna manera sé
que sabes:
        la manera de pasar inadvertida ahora es seguir
                    bajando la mirada.

Temo yo también, temo tanto
        el desvelo y el rechazo al nuevo gesto.
La manera de volar
        y el modo de arrastrarme.

MARIANNE: *En se retournant, Orphée fait un choix, le choix du poète et non celui de l'amoureux.*
HÉLOÏSE: *Mais c'est peut-être Eurydice qui lui a demandé de se retourner?*

MARIANNE: Al girarse, Orfeo toma una decisión: elige como poeta, no como amante.
HÉLOÏSE: Pero ¿y si fue Eurídice quien le pidió que se volviera?

Portrait de la jeune fille en feu. Céline Sciamma, 2019.

Me muero de frío y se desata una tormenta. Un granizo en pleno octubre. Un hielo inesperado, mi frío, la intensa lluvia, el viento, el olor a árbol caído, las ganas de besarte, las piedras de hielo amontonadas en el alféizar, mi frío, mi amor, mis ganas, este pedacito de nada, transparente.

El vacío que dejan unos pasos que se marchan.

Camino inclinada. Pierdo el ritmo.
Aprendo a orientarme por la luz:
por fin sé por dónde sale el sol
y cómo se esconde
                    cuando caigo.
            Cómo se esconde
                    a través de mi ventana
cuando regreso.

A más de diez kilómetros bajo el suelo
hay una posibilidad de vida en Marte.
Ahí está el agua siendo agua.
Diez mil novecientos ochenta y tres metros de
profundidad tiene el Abismo de Challenger.
Ahí está el agua siendo agua.

A una oscuridad perpetua.
A un invierno eterno.

El agua siempre será transparente, sin embargo.

Un pedacito de nada.

Un frío sostenido en el pecho.

Imaginamos el mejor plan de evacuación como si realmente quisiéramos evitar el desastre.

Tropiezo en un recuerdo reciente
　　　　　　　　　que apenas
　　　　　　　　　　　　　　es una imagen
de altura.
　　　　　Bajé una escalera de incendios sin salida.
En ese espacio a esa altura, en esa soledad, en ese gris
metálico, en esa nada que no lleva a ningún sitio, en esa
altura, en una ciudad que desconozco, en ese escalón
a ninguna parte, me quedo quieta y me encuentro
conmigo. Me encuentro conmigo, una mujer intentando
ser fluida, derramarse hacia el suelo de una ciudad
extraña, hacia el final de qué, al encuentro de qué. Como
un pez abisal que no soporta el agua ligera y se deshace
al subir, cómo caería yo si fuera posible seguir cayendo.

Cuántos corazones caben en un foso como este.
Cuello infinito que cae
como un lamento
que cae
amargo y tan ligero.
Como un niño que cae, cae
la lágrima,
el corazón
por la garganta
hacia el nacer inverso.

Habrá allí corazones abisales bioluminiscentes
esperando el encuentro de un abrazo en la oscuridad.

Cuánto vacío dejan unos pasos que se van. Cuánta oscuridad deja quien cae.

Observo a los transeúntes esperando el ataque en una
guerra no declarada.

Una niña sentada en el suelo apoya sus manos en un
par de botas altas. Pienso en el silencio que dejan
unos pasos que se marchan.

No se escucha ningún sonido de la calle

aquí.

El objetivo soy yo.

Aquí cerrada.

Mirando.

Tan expuesta.

El vacío que dejan unos pasos que se marchan.
El silencio.
    La luz
que se va de pronto.
        Subir a casa:
        la realidad.
Y yo, que camino inclinada,
        que me agoto, pierdo el ritmo, pierdo el equilibro
y choco contra ti.
Aprendo a orientarme por la luz. Por fin sé
        por dónde sale el sol
y cómo se esconde
        al caer.
Cómo se esconde
        cuando caigo.
Cómo se esconde
        cuando regreso.

Nadie me dijo cómo sería encontrarme conmigo en la soledad más absoluta. Sí leí, sin embargo, en algún lugar, que en la soledad es imposible estar muerto.

Nadie me dijo que el silencio tuviera una presencia tan pesada.

El aire quieto en la línea abierta, el oxígeno
en la herida abierta.
El temblor, amor.
En el centro de mi pecho
hay una piedra que me sostiene.
Pero duele, amor, me duele.
Tan pesada, amor, que nos hunde, amor,
Nos hunde.

Tendría el amor la forma de tu espalda.

Una larga mirada hacia atrás.

Escribo tu nombre como si te acariciara, describo
la forma de tus labios y, mientras te nombro, regreso
al humo y respiro como tú,
respiro de ti, sibila.

La sirena aprende a respirar
pero conserva el canto sibilante en el pecho.
La piedra que vuelve a arrastrarla al fondo.
El canto ahogado, la búsqueda del aire
y del humo que la mate.
Del fuego que la salve.

Si lograra hablarte lejos del ruido, alcanzarías
a escuchar la canción que se repite en mi pecho.
Un canto que podría atraerte así
—gírate—
para caer las dos.

En mi pecho, un corazón abisal.
Tu lengua,
      un animal también. Me pregunto.

La arena estaba en tus ojos. La tierra, en mis manos.

La arena diferente, el olor
era de tierra, no de fuego, de agua
pero lejos, lejos
el agua con cloro, cercada, cerrada, el agua
cerrada
en muro, en la casa, la verja
abierta.
Tras el escenario, el secreto
bien oculto.
Ni una sola viga vista, pero el sonido sí.
El sonido sí, en la noche, en el fondo
de la noche, en el fondo del sueño que te llevaba allí:
el crujido.

Tus ojos me llevan a un paisaje de tierra.

Sueño con una réplica exacta a la que llamo hogar.

Construimos un decorado donde representar los recuerdos que tendremos.

La cicatriz,
la herida abierta, el párpado
plástico abierto
en la mirada de quién.

Tus ojos me llevan a un paisaje de tierra.
Consigo caer entonces al fondo de mí.
Cuando toco tierra, vuelvo a un momento en el que
estuve a una altura mínima.

Una sirena nada boca abajo como un misil perdido.
    Se precipita
        hacia el fondo del mar.
Un recuerdo ancestral le trae la capacidad de tomar
                       aire.

Pero toca el fondo en el agua densa.
Una brida recoge su pelo en la oscuridad
de una tierra imposible.

Encuentro una estrella de mar en el alcorque de un
árbol famélico.

Las líneas de mi mano dibujan una inicial, pero he
olvidado el nombre.

Un rastro de huellas infinitas
se adivina debajo de la cama.
Van a parar al mismo abismo
que habita dentro de mi boca.

¿Soy yo una amenaza real?

    Con una boca pequeña y unos ojos grandes, ¿hago
que te cubras el cuello cuando miro
    cómo te rozas los labios
al hablar?

Buscamos señales que nos justifiquen estar aquí.

Estábamos sentadas en el alféizar de una ventana baja.
No hacía falta más y no fue suficiente.
Después
        nos quedamos sentadas en el suelo.
Tampoco ahí pudimos vernos.
Hacía falta altura, entonces,
                me pregunto.

pedir que vuelvas
volverte a ver
pedir que vuelvas
pedir que no pidas que regrese

Miro tu nuca y veo el precipicio. La manera de salir de aquí si se da el incendio. La ventana cerrada, la posibilidad de caer. Buscamos la manera de no hacernos daño. Menciono el dolor. Lo haces pequeño en una fantasía casi infantil. Pero tú no quieres quemar. En el relato que repites no hay fuego, no hay accidente. Alguien ha de venir a matarnos y volvemos a buscar la manera de caer. Parece fácil escapar cuando lo dices tú, pero en mi historia todo va mucho más despacio. Me quedo quieta a una altura, sobre el cemento, y me quedo mirando el paisaje: la carretera, la altura mínima, sin saltar, esperando que nos veamos como no nos encontramos antes. Y ahí, quieta, mientras el mundo huye, yo me quedo.

En el alféizar una vez, a una altura mínima, también un gorrión esperó a que abriéramos la ventana para salir volando.

Buscamos señales a la altura de los ojos, espejos,
y pienso en otra tú, en otra vida, también
a una altura mínima.

Yo esta señal no la vi.
El doble
     la luz
          el chispazo.

No he sabido dibujarte. No entiendo de perspectiva pero sí de profundidad.

Hay heridas en nuestra piel, marcas,
                              señales también
que podríamos descifrar
                              pero nos negamos
                              a leer, nos negamos
a tocarnos.

Nosotras también somos parte del decorado,
me pregunto.

Cuando te miro y toco tierra, apenas
queda de mí una réplica.
El reflejo.

¿Recuerdas cómo era
cuando no había necesidad de fingir?
Cuando éramos de verdad y no nos dábamos cuenta.
Como no nos dimos cuenta de que estábamos tan
cerca, haciéndonos
las mismas heridas, buscando qué.
Haciéndonos las mismas heridas, buscando algo real
sin saber que ya habíamos tocado hueso.
Solo faltaba que nos encontráramos en aquella
                                    oscuridad.
El pelo recogido en una brida.
En una tierra imposible.

El agua se deslizaba tan fácil por tu garganta.
Tan fácil.
Sonabas cascabeles, anticipando
la luz.

Nos hemos quedado aquí, atrapadas.
Como el pájaro que encontró mi abuelo.
Una anilla en su pata marcaba la espera.
El pájaro y su deseo de vivir
en una jaula.

Descubrimos que nuestras casas
fueron el decorado de un deseo anterior,
y el futuro llegó mucho antes de lo que esperamos.
No trajo cascabeles.
Nos pidió agua, eso sí.
Y bebió, bebió, bebió.
Escuchamos
el agua caer tan fácil
por la garganta
del futuro, tan fácil.
La escuchamos caer.
No la dejamos escapar.
Cuando paró, solo se escuchó
el crujido de una tierra seca.
Caracolas,
como cascabeles mudos en un tiempo quieto.

No hay filo en nuestro cuerpo
que pueda atravesar el de la otra.

Todas las ciudades son un decorado.
Busco en el mapa el reflejo y me siento a salvo
en un espacio que reconozco con disgusto.

A la altura de mis ojos estás tú.
Me agacho para recordarte.
La imagen vuelve a situarse arriba.
Pero miro tus ojos y toco tierra.

Esperaba el encuentro en una oscuridad insoportable.

Y en el fondo de esa garganta – canal, depósito
de agua,
    en el fondo,
corazones abisales.

Construimos el futuro con material inflamable.
Un decorado contigo en llamas, sin ser tú.
Una yo boceto de un presente que no alcanzo.
En aquel borrador, el dibujo se difuminaba
como ceniza.

Mi piel papel tan seca, brillante e incapaz de retener el tacto en la memoria.

Se propone la condena de mirar,
mantener la imagen, probar cada vez
el imposible. Pero en esta versión
no eres tú quien cae.

Se propone la condena de mirar
y de caer
repetidas veces. Mirar
hasta que una caiga
o la otra se eleve al fin.

El deseo es contradicción.
El dolor es otra cosa.
El deseo es esta espera infinita por que suceda y no.
Mantenerme a esa altura, entonces.
Esperar el rechazo a la invitación. La piel fría, el
                                                    temblor
en un roce mínimo, la picadura
de un insecto herido, la mirada
por la que caer o convertirme en sal.

Nunca aprendí a tirarme de cabeza y, sin embargo,
me sentía a salvo bajo el agua.
La piscina era infinita, un mundo
donde era libre.

      Y qué decir de
estar dentro
      cuando llovía
y las gotas gruesas del verano parecían
flotar sobre un agua de una densidad
diferente. El dibujo
sobre el agua: los círculos,
                agujeros perfectos,
en una superficie que imaginaba compacta,
construían una irrealidad fractal.
Un suelo denso y azul repleto de abismos,
                   círculos
                   perfectos,
hacia un fondo de cemento y pintura hueca,
                    desconchados,
piedras mínimas e insectos que encuentran la muerte
cuando intentan saciar la sed.

Un corazón pequeño
      y fácil de pescar,
en la palma de mi mano.
Dices
    qué aspecto tan aterrador,
    algo tan pequeño.
Tan indefenso, me parece
un pez
    que se ha perdido
hasta llegar aquí,
a la inicial que dibujan mis líneas,
buscando el sonido de su nombre.

La sal en la piel de la sirena en la tierra, su pelo recogido en una brida, la sal cristalizada en su piel, impidiendo el tacto y el movimiento, y los ojos bien abiertos, los ojos bien abiertos.

Se aproxima un frío intenso, hasta el hueso
que tocamos al herirnos. El frío
que sentimos una vez
al tocar tierra.
Habríamos de sujetarnos fuerte,
golpearnos,
para entrar en calor.

Tampoco es recta la línea que me sostiene.
Cómo lograr el equilibrio entonces, me pregunto.

Serían unos dientes
    diminutos
      en unos cuerpos mínimos
y transparentes
    quienes mordieran
hasta convertir en polvo
el decorado de nuestra infancia.

         (El agua siempre es transparente,
            como quienes habitan
              en la oscuridad.
     También
        insectos transparentes
          dentro de los marcos
        que sostuvieron el decorado
         de nuestra infancia.)

Había algo auténtico en todo aquello, me pregunto.

Las termitas no comen aglomerado.

Aceptamos la crueldad entre nosotros y tardamos
en reaccionar
cuando la casa empieza a derrumbarse.

Matar insectos nunca fue un límite
hasta que fueron una amenaza real.

Tú me hablaste de un dibujo recurrente en tu infancia.
Yo busco un rostro, un perfil,
                    una mirada que regresa.
Tú buscas una salida, o quizá
                    un regreso también.
Por eso la puerta siempre
                    abierta.
                    Una luz
que habría de entrar
o a la que habrías de ir.

Un punto en una parte sensible.
          La señal hacia la garganta.
El cuello, tapado entonces contra
                              el frío, contra
          una mirada que cae.
Soy yo una amenaza, me pregunto.
          Te cubres el cuello
cuando miro cómo te rozas los labios
                              al hablar.

Decides mirar y, en esta separación, no sé quién cae
y quién avanza.
Una lluvia tan ligera que apenas nos toca.

La vena en tu muñeca, el color azul, la picadura
de un insecto mínimo, un insecto
con las patas rígidas que busca la altura para volar,
pero cae en la trampa, y recuerdo una imagen: las
hélices de un molino de viento en el tráiler de un
camión, en tierra, inútiles, como unas alas mojadas,
como un insecto herido que camina
en círculos, esperando volar
en un gesto equivocado, una contradicción como el
plástico que ocultan las flores salvajes, el color que
apareció sin buscarlo: una flor azul entre la retama, un
tono que reconozco familiar
en tu muñeca.

Mi paisaje era de flores amarillas:
                    tierra
                    arena
                    barranco
                    arena sucia
                    barro
Mi paisaje era de piedras imposibles de arrancar
                              de la tierra, bolsas
amarradas al suelo por las lluvias:
                    tantas lluvias y tanto frío
                    a veces
                    tanto frío
                    al caer
En el patio de mi infancia, imitación grotesca
                    de un paisaje diferente,
el invierno era terrible,
el invierno era infinito.
Guardábamos el recuerdo del verano, el azul
                    de una pintura desgastada
                              por el cloro.
Ahora celebro el amarillo tras la ventana:
                    las flores duras y salvajes a las
                         que no podré acercarme,
                    las flores duras y salvajes entre
las que me dejaría atrapar antes de llegar
a una escalera de incendios.
Cómo sería salvarse de algo así.
Cómo
cuando soy yo la que se acerca, como se acerca también

la mano a la boca que duda.

Porque el miedo nos lleva a los labios y nos cierra
la boca así,
como besándonos.

Mi corazón de pintura seca, el dibujo
antiguo que se despega y cae
al fondo
y corta
la piel suave, la piel húmeda, en el agua:
            una flor suspendida
como una nube
            se transforma en otra cosa
hasta desaparecer.
En la imagen que creemos ver, estamos.

Yo tengo claro qué veo cuando te miro.
Pero quién soy yo
            cuando toco tierra.

La palabra «electricidad» viene de la palabra griega «elektron», que significa ámbar.

Tus ojos marrones, miel, casi ámbar, tan luminosos cuando fijas tu mirada en mí. Apenas soy capaz de mantener la mirada con nadie, pero tú me atraes con una fuerza que no sé de dónde viene, y me quedo ahí, en tus ojos, en el ámbar, como el insecto mínimo en el que me convierto a tu lado.

CORRER RIESGOS
CORRER

T/ Hay un solo poema en pequeñas astillas, acaso en hilachas de madera. Menos aún que hilachas, si acaso la finísima rebaba de piel de árbol y humana con que prender la noche.

T/ El poema se tiende arriba de la página. Como el tendido eléctrico conoce la caída, el fulgor del instante, el salto que provocan el fuego y el dolor.

T/ Una mujer atraviesa una casa que arde. Es Adriana Bañares.

T/ No sé qué hacer con las rimas internas, aunque no siempre las tema.

T/ Lo escribió Anne Carson: "Si la prosa es una casa, la poesía es alguien en llamas corriendo a través de ella".

T/ Su nombre es Adriana Bañares. Tiene varios nombres más, porque acoge lo múltiple que la escritura dice: es la mujer de Lot, es Eurídice muerta pero viva.

T/ Cuando la mujer de Lot gira la cabeza, se vuelve un minúsculo grano de sal sobre la lengua. Con los restos del sol y animales pequeños se escriben el miedo y el alféizar.

T/ Cuando la mujer de Lot se gira y queda condenada, un chispazo de muerte nos recorre. En la torsión sorprendida del cuello hay un modo de mover el mundo sobre otro eje, otras normas de la gravitación, otro lenguaje que resulte posible.

T/ Eurídice sale del inframundo, al que aún pertenece por un pie. ¿El mismo que golpeará las hojas y encontrará debajo un pájaro muerto? El cuerpo sofocado del pequeño animal, la mujer hermosísima que no logra salvarse. La cabeza se vuelve en ese justo momento. Orfeo, que no logra obedecer, se gira para amarla. Y la pierde. Se pierde. Solo queda el abismo.

T/ Pero no: también está el suelo morado de las jacarandas. El cuerpo desnudo del árbol desnudo. La belleza extrema en tal delicadeza que la muerte aguarda debajo de la página. Debajo de las hojas ya caídas. En la mano que escribe su temblor.

T/ El blanco de la página es tanto que el poema parece una piedra de obsidiana, pero no por ser sólida o mortífera, sino porque puede alumbrar en medio de la luz.

T/ Libro y boca: el abismo. Libro-foso: "No he sabido dibujarte. No entiendo de perspectiva / pero sí de profundidad".

T/ Solo el alto voltaje asegura alcanzar largas distancias. Solo así puede transmitirse energía (poesía, quise decir *poesía*).

T/ De cada poema nace después otro. Se reconocen en el vértigo, la sima que se abre y reconoce. La presencia del monstruo y de la infancia.

T/ "El monstruo es quien se queda o quien se va. / Quién se queda y quién se va". Lo que puede una tilde, aquella menudencia como un pie, la patada que damos a un vocablo para que debajo aparezca el cadáver de un pájaro (y su muerte es la nuestra, de algún modo).

T/ "Como un pez abisal que no soporta... / cómo caería yo si fuera posible...". El pie en el aire, la herida en el aire, la caída hasta el fondo que no podemos ver. Algo parecido a la *abisalidad*, porque lo no dicho se escribe más abajo del talud del continente, lo que intuimos y avisa con su sola sombra sobre la superficie.

T/ Otra vez el abismo, la caída, la fascinación abrasada de su propia caída.

T/ Nos atraviesa el fuego pero lo atravesamos.

T/ Adriana Bañares: el alto voltaje del lenguaje. [No sé qué hacer con las rimas internas, aunque no siempre las tema.]

T/ Toda muerte conoce su caída. Lo sabía Vallejo cuando escribió que el cadáver, ay, siguió muriendo. Medimos versos y lecturas, kilómetros y kilómetros de cable, el tanto voltaje, el cada cadáver, pero eso no detiene la caída. Toda vida conoce su caída.

T/ Pero no. El poema tiende su propio cable: subterráneo, terrestre, aéreo. Conoce los dialectos de la movilidad y no va a detenerse salvo para el abrazo.

T/ Si en este libro unimos todos los puntos de lo visible y lo invisible que ha trazado Adriana Bañares, de pronto emerge nuestro propio rostro. Por eso lo (la) necesitamos tanto.

T/ *Riesgo eléctrico* es al menos dos, al menos en femenino, la una, la otra, "una yo", lo que se difumina como si fuese ceniza, el desplazamiento prodigioso que llamamos pronombre.

T/ Se reduce el voltaje para la transmisión local.

Pero en los libros que se quedan a vivir en nosotros, a los que ya pasamos a pertenecer de alguna forma, no hay nunca reducción de voltaje, por más cerca que estén de nuestra piel. Nos dice el erizamiento, casi como si soñáramos con la transmutación.

T/ El poema tiende su propio cable submarino. Avanza velocísimo y hermoso. No va a detenerse salvo para el abrazo.

T/ Los ojos abiertos, la luz que no alcanza. La poesía que es riesgo y que no cede. Nos mira: ni parpadea ni cede.

T/ Imaginé un epílogo como tendido eléctrico. Puede prenderse también, correr, echar a arder. Ponerse boca abajo. Leerse desde abajo. En todo caso, no importa, solo necesita no olvidarse del riesgo, celebrar *Riesgo eléctrico*. Detenerse, por fin, para el abrazo.

María Ángeles Pérez López